AF443905

DESTELLO

ExLibric

JOSÉ RAMÓN HERRERA GOYA

DESTELLO

EXLIBRIC

ANTEQUERA 2020

DESTELLO
© José Ramón Herrera Goya
Diseño de portada: Dpto. de Diseño Gráfico Exlibric

Iª edición

© ExLibric, 2020.

Editado por: ExLibric
c/ Cueva de Viera, 2, Local 3
Centro Negocios CADI
29200 Antequera (Málaga)
Teléfono: 952 70 60 04
Fax: 952 84 55 03
Correo electrónico: exlibric@exlibric.com
Internet: www.exlibric.com

Reservados todos los derechos de publicación en cualquier idioma.

Según el Código Penal vigente ninguna parte de este o
cualquier otro libro puede ser reproducida, grabada en alguno
de los sistemas de almacenamiento existentes o transmitida
por cualquier procedimiento, ya sea electrónico, mecánico,
reprográfico, magnético o cualquier otro, sin autorización
previa y por escrito de EXLIBRIC;
su contenido está protegido por la Ley vigente que establece
penas de prisión y/o multas a quienes intencionadamente
reprodujeren o plagiaren, en todo o en parte, una obra literaria,
artística o científica.

ISBN: 978-84-17845-86-5
Depósito Legal: MA-25-2020

Nota de la editorial: ExLibric pertenece a Innovación y Cualificación S. L.

JOSÉ RAMÓN HERRERA GOYA

DESTELLO

*Dedicado a mi hermano Javi, que con amor
cuida de nuestra querida madre en su vejez.*

Índice

PRÓLOGO

Cuando vamos por la ciudad solemos hacerlo por necesidades que nos conducen a la prisa de conseguir un objetivo y esa urgencia nos impide ver más allá de lo que tenemos delante para no tropezar. De este modo, la gente no es más que un obstáculo que sortear para llegar a nuestro destino momentáneo mientras ignoramos cuanto hay a nuestro alrededor, pues valoramos la actividad por el beneficio práctico que nos reporta. Por ello, desde el principio no preparamos a los niños para que aprendan, sino para que produzcan riqueza, aunque luego ese dinero se emplee pagando un tiempo libre del que no disponemos y así, confundiendo la felicidad con la estabilidad, acabamos con las vocaciones.

Sin despreciar el valor de la seguridad que da una estabilidad laboral, José Ramón nos propone con las poesías que componen el libro *Destello* destacar la poesía humanista y anti-materialista.

Nos dice que para ello hay que abandonar la exclusividad de la senda de lo práctico por otra de ilusión por lo sublime, que nos permita disfrutar en cada momento de cuanto tenemos cerca y que por pequeño o nada lucrativo no apreciamos, simplemente porque al tener la mirada en otro mundo desconocemos este del detalle. Y es que los realistas se ciñen a lo que ven, mientras que los artistas ven la belleza de la poesía que nos rodea. A la vez nos recomienda leerla como terapia, ya que uno se hace con cuanto escucha, ve, palpa, gusta y olfatea, poniendo los cinco sentidos en apreciar, sin prisas, cuanto nos rodea.

Llenando el tiempo con el sentimiento que emana de nuestro corazón conseguiremos tener paz y transmitirla apreciando el silencio, afrontando con alegría cuanto nos aparece en el sendero de la vida que recorremos, reconociendo que tras malos momentos vienen mejores, mirando siempre adelante para apreciar la vida en tantos detalles, pidiendo ayuda cuando sea necesario para obviar nuestro ego, combatiendo el pesimismo para no descontrolarnos, retirándonos a meditar ante el hartazgo de una sociedad monocroma, conscientes de que la insensibilidad nos rompe el alma; viviendo el momento sin pensar en un hipotético futuro, agarrándonos a la vida como una enredadera de optimismo y fomentando que crezca la fe en ella, pero sin hacer las cosas por lo que dirán, porque entonces dejaremos de pensar por nosotros mismos.

Esta filosofía de vida la enriquece José Ramón invitándonos a elogiar a los demás, en quienes ve su origen cuando homenajea a la madre y después el cariño que le inspira la amada idealizada, ese ser puro que encumbra su alma, con la que se complementa para alcanzar el amor. Porque cuando se apaga el día, la amada ilumina su ser con la **luz** de sus primeros poemas, con el **brillo** de los versos de su segundo volumen y con el **destello** que emanan los del tercero y no último, pues necesitamos la brillantez de la poesía y José Ramón es el poeta.

José María Pizarro

MI POESÍA

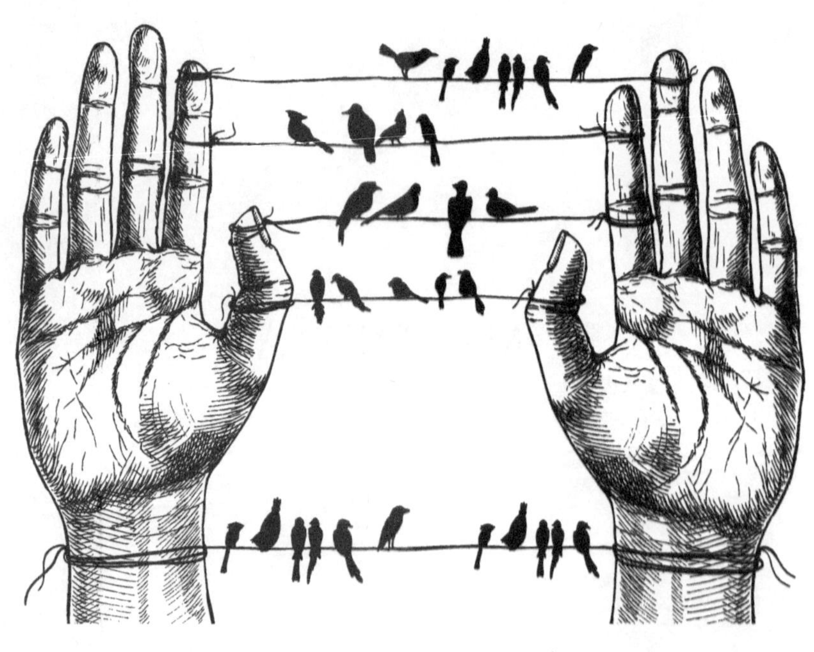

MARAVILLA

Mi poesía
es positiva
y humanista.

Deja que insista
en mostrar a la vista
lo que no es materialista,
la sustancia que nos anima
a que sigamos amando cada día,
siempre con más armonía y alegría.

Porque es fácil ser un pesimista,
tenemos motivos en la lista,
pero mejor vivir optimista.

Ver lo bueno de la vida
de nuevo te resucita
y es maravilla.

EN EL FUEGO ARDIENDO

Nuestros corazones con poesía limpiemos
para que estén tan pulidos como espejos.
Así su luz mutuamente reflejaremos
y en un solo amor nos uniremos.

Que brillen y resplandezcan bellos
cual en blancas hojas surgen versos
que al ser leídos devienen rojos besos
y por el aire bailan en el fuego ardiendo.

PLENA

Soy letra
de poema
que penetra
por azul vena
y la vida te llena.

Soy vereda
que te enseña
el camino a meta,
mostrándote belleza
sin necesidad de riqueza.

Soy la senda
como una trenza,
jamás en línea recta
y te lleva a la otra tierra
que está de milagros plena.

AMOR EN AUMENTO

Puedo escribir un poema con sentimiento.
Quizás sea motivo de agradecimiento
o tal vez de gran resentimiento.

Pero cuenta me doy de que si agradezco
pronto mucho mejor yo me siento
que si siempre me lamento.

Porque todos sentimos sufrimiento
y también tuvimos padecimiento,
mas es sabio echarlo al viento.

Pues ahora llegó el momento
de pensar solo en lo bueno,
en el amor en aumento.

CUAL LIRA

De noche y de día
amo la poesía,
me da vida
y melodía.

Mi locura de la rima
es dulce sinfonía
que cual lira
me mima.

Es mi bebida
y también comida.
Sin ella ya no viviría,
algo importante faltaría.

TE SANA

La poesía que de luz te embriaga
es un volcán vertiendo viva lava
que estalla dentro de tu alma.

Entra por tus ojos como una alhaja
y furtivamente con hilo de plata
hasta tu corazón hilvana.

Tu cuerpo luce más que la Alhambra,
entre flores y fuentes de mañana
con dulces fragancias te baña.

Es la savia que por tus venas anda,
la brisa que tu cabello al aire alza
y puro elixir que suave te sana.

23

INIGUALABLE AYUDA

Sana poesía es la cura
para quien lleva vida dura
y la ansiada felicidad procura.

Porque te libera de la noche oscura
y te aleja de este mundo lleno de locura,
acercándote a la luz en tu individual andadura.

Para quien su propio camino hoy en día busca
puede resultar ser una inigualable ayuda
en la huida de esta sociedad tan ruda.

SONROJA

La vida del poeta es soñadora,
su mundo no tiene sombra
y a pesar de vivir a solas
en el silencio ahonda.

La veloz sociedad lo atolondra
y prefiere volar como alondra
que por el alto cielo ronda
hasta llegar a tu alcoba.

Parece extrovertido, pero sonroja
cuando le dicen ciertas cosas
y más suele callar la boca
que alardear por popa.

25

LA BELLEZA VEN

Las letras tienen un gran poder.
Hay personas que las usan bien;
otras, al contrario, para entorpecer
y los poetas las emplean también
para describir cómo observan llover.

Algunos realistas suelen ser
porque solo se ciñen a lo que es
y a los otros yo no los quiero ni ver,
pues siempre hacen de todo al revés.
Sin embargo, los artistas la belleza ven.

RESPIRAS

La poesía
es una sinfonía
que el alma anima
cual hermosa melodía.

Como el sol del mediodía
la sangre del corazón aviva,
todo a tu alrededor más brilla,
lo que oscuro estaba se ilumina.

Si la lees, sentirás cómo respiras
y quizás no necesites ya medicina.
Solamente unos versos en tu mesilla
podrían quitar la monotonía de la vida.

ME RODEA

Si pudiera
decir con letras
todo lo que sintiera
sería expresión perfecta.

Hay experiencias efímeras
que no puede contar un poema:
cuando un ave hacia el cielo vuela
o una nube que se disuelve en la tierra.

Y es que no basta con llamar niebla
a ese vapor por agua encubierta,
pues quien solamente eso vea
se pierde toda su belleza.

Entre gotas me espera
colgando de hierba
la blanca esfera
que me rodea.

VEA

Cuando me viene una idea
entra por mi cabeza
y se hace poema.

Él solo se crea,
esa es la manera
que nace a la tierra.

La poesía en vena
por mi sangre penetra
y en la mente se asienta.

Quizás sea fea
o tal vez muy bella,
da igual lo que venga.

Así juzgue quien lea,
pero sobre todo ya vea
la luz que por dentro lleva.

LEYERAS

Cada día leo un poema
de mi propia cosecha
que es humanista
y alegra la vida.

Una poesía positiva
como buena alternativa
a tanto ruido que nos rodea
y nuestro pensamiento altera.

La considero una filosofía
que de terapia valdría
y merecería la pena
si la leyeras.

ES ALEGRÍA

La dulzura de la lira
ni el vuelo cual golondrina
pueden igualar a la dulce poesía
que siempre me embriaga de melodía.

El vino que por sangre entra y aviva
no llega a calentar mi vida linda
como la borrachera de la rima
que al paraíso me aproxima.

Por eso la canto cada día,
luzca el sol o caiga la lluvia.
Ella me acompaña en mi vida,
en toda circunstancia es alegría.

MI LUZ

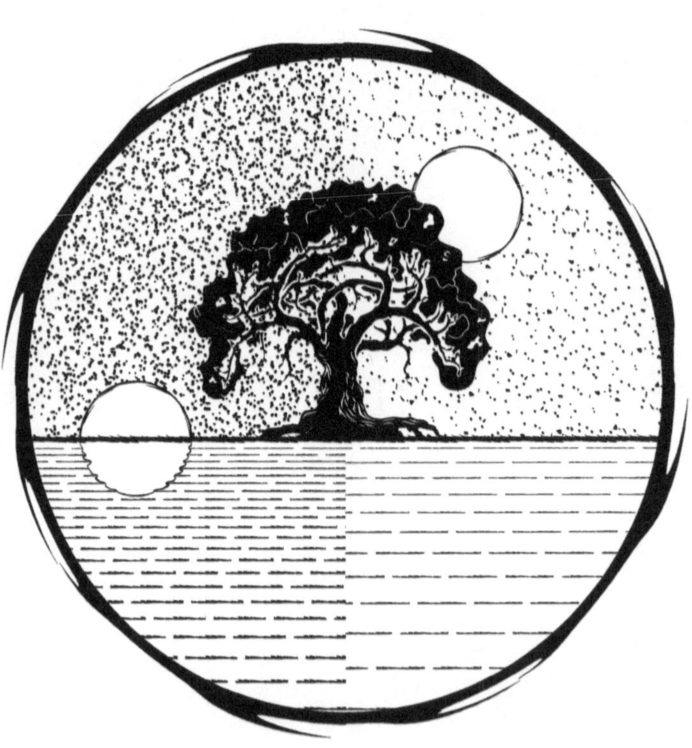

SOY UNO

Al borde del río
se escucha el susurro
que con atención yo oigo.
Como de paloma es el arrullo.
Paseando por la orilla me extravío.

El agua de presa cae con murmullo
mientras por ahí despacio camino.
Esto también sin querer escucho
y ya del todo absorto o perdido
ahora con el arroyo soy uno.

CUAL CIELO DIVINO

Por la mañana está en la tierra,
pues cayó de noche el rocío
y así de bella es la manera
que el agua luce su brillo.

Como diamante que hubieras
en esbelto cuerpo prendido
puedes ver en la pradera
miles bien parecidos.

Sobre cada brizna de hierba
una gota a posarse vino
para que aquí luciera
cual cielo divino.

AHORA PASA

El gorrión dio un aleteo al borde de mi ventana.
Para poder liberarse de alguna pesada carga
sacudió sus plumas al aire de la mañana.

Y solamente cuando se giró vi sus coloridas alas.
Volando se fue hacia donde nadie le molestara
porque solitario quería estar, sin mi mirada.

Deberíamos aprender de las aves cómo se relajan,
vaciar el cerebro que a veces se sobrecarga
y tan solo disfrutar de lo que ahora pasa.

A DIOS UNIENDO

El comienzo
suele ser lento,
pero luego la llama
bien arde cual sarmiento.

El sediento
que está muriendo
cuando la sed calma
revive un renacimiento.

El inquieto
cuerpo meciendo
si encuentra su alma
se está a Dios uniendo.

LA RUEDA DE LA VIDA

Las hojas caen amarillas,
sobre el verde césped brillan,
señal de que el otoño se avecina.

Ramas de árbol que aparecen finas
todo el verano estuvieron protegidas
del ardiente sol, del viento y la sequía.

Ahora marrones hacia la tierra miran
y saludan a quienes fueron amigas,
yaciendo en la hierba esparcidas.

Pronto llegarán nuevas lluvias
que afrontarán con gallardía
y después blanca nieve fría.

Pero en la primavera volverá la alegría
haciendo brotar nuevas hojas un día
porque así es la rueda de la vida.

SU VIDA

Desde espigas
en planta abierta
de la que cuelgan.

Y en recta fila
ahora despiertas
de ella se sueltan.

Buscan su vida,
dejan isla desierta
y muy lejos vuelan.

Son las semillas
que caen a la tierra
dando tantas vueltas.

EN EL RECODO

En una fría mañana de otoño
muy temprano, al amanecer,
la luna se mece en oro,
me hace estremecer.

No importa cuándo ni cómo,
una sorpresa va a suceder.
Así es la vida del todo
y tal cual ha de ser.

El milagro está en el recodo
y tu alma va a embellecer.
Debes mirar un poco
para poder ver.

ASÍ SE HILVANA

Un único hilo de araña
largo y solo estaba
y al sol brillaba,
lo reflejaba.

Arcoíris en su espalda,
al viento con danza
cual niña bailaba
muy adornada.

Brisa matinal al alba,
sutil es quien ama.
Así se hilvana
en el alma.

EN MI CORAZÓN

El día ha amanecido
y una nube de algodón
como capullo florecido
levitando se refleja al sol.

Sus colores ya ha lucido
y los presume un montón.
De blanco, verde y amarillo
viste el cielo con gran amor.

Hermosa nube de tanto colorido
que intentas sobrevivir con tesón,
quiero que sepas que soy tu amigo
y con cariño te guardo en mi corazón.

MIS QUERIDAS

Las negras golondrinas
aletean hacia arriba
sobre la alta cima.

Allí todos las admiran,
planeando animan
a quien se arrima.

Son aves ligeras y finas,
quizá algo divinas
y bellas artistas.

Yo no las pierdo de vista
al volar por encima.
Son mis queridas.

43

CUAL AMANTE AL QUERIDO

Apartado en la orilla de mi río
soy un ser algo solitario
que ya ha vivido.

Retirado en escogido exilio
observo el loco delirio
del mundo perdido.

Harto de la prisa y el ruido
descanso muy pacífico
y espero bendecido.

Mimado siempre por lo divino
siento que estoy tan unido
cual amante al querido.

A LA VIDA SE PEGA

Crece la verde hierba
en el hueco de una acera,
busca sustento en la piedra.
A veces no hay nada de tierra
y, sin embargo, a la vida se pega.

En la pared se sujeta cual enredadera,
se arrastra por el suelo y agua encuentra.
Es mucho más inteligente de lo que creyeras,
pues sobrevive en tantas situaciones diversas
donde quizás murieron otras plantas más bellas.

45

LOS RECREA

Una linda ventana con flores
al borde de asfaltada carretera
deleita el paso de los conductores
y su ajetreado día un poco les alegra.

Quizá para que tú no llores,
ignoramos por qué lo hizo ella,
o tal vez por adornar con colores
a quien por la mañana solo se pasea.

El caso es que los alrededores
esta generosa mujer tanto amena
que las personas desde sus coches
deberían agradecer, ya que los recrea.

SUELTA LAS PERLAS

Cuando de noche cae la lluvia
sobre el asfalto de carretera
lujosos reflejos destellan,
naranjas farolas bellas
lucen como estrellas.

Cuando mi coche se ensucia
el agua el polvo lo lleva
y brilla como la seda
entre soles de acera
que parpadean.

Cuando la prisa me acucia
miro las gotas tan lentas,
el cielo suelta las perlas
cual joyas que llenan
de alegría serena.

NADA PESA Y ES BLANCA

Un funicular de vieja madera
para quien la ciudad escapa
sube despacio por la ladera
hasta la cima de montaña.

Allí arriba en la naturaleza
el corazón de mente sana
y así el cuerpo se serena
en la mañana temprana.

Porque con Dios piensa
y entre las nubes anda,
como amante espera
a quien tanto la ama.

Ya es del cielo presa,
ahí mora su alma
que nada pesa
y es blanca.

A MI LADO

Llovizna delante del faro
forma un colorido halo,
un círculo iluminado
cual aura de santo.

Chispas en cristal mojado
brillan con el alumbrado
de farola bajo tejado
como fuego dorado.

Agua que pareces milagro,
en la noche has llegado
entre luces volando.
Quédate a mi lado.

CUAL LIGERO AVIÓN

Pájaro de acero
volando en algodón,
sobre asiento de cuero
voy gozando un montón.

Ya flotar puedo
en el aire de ilusión
mientras a Dios ruego
que me dé alas, por favor,
y como un ave al vuelo
despegar pueda yo,
dejar el bajo suelo
cual ligero avión.

CUAL LOCAS

Cuando las palomas
en bandada se posan,
con las alas como olas
a cámara lenta te rozan.

Y si la campana toca
pronto vuelan todas
al cielo cual locas,
revueltas ahora.

CADA DÍA ME AMA

Echado en la cama
siento con mis plantas
la amable sábana blanca.

Su tela más fina que pura lana
diríase como seda rozando mi cara
y mi roja mejilla apoyo sobre almohada.

¡Qué suerte yo tengo!, pues cada día me ama.
Envuelto entre paños hasta la mañana temprana,
me cuida toda la noche mientras sueño con mi alma.

SE BESAN

Dos mariposas
al aire revolotean,
una junto a la otra
están dando vueltas.

Quizá sea su esposa
y él así la merodea.
Sobre una rosa
se desean.

Hasta que se posan
y ahora se besan
en sus bocas
de seda.

PRONTO HUYE

Paseas entre luces
de todos los colores.
Cual puerta al paraíso
vas entrando a un túnel.

Ahí está para que lo uses,
un solo agujero en el monte
con asfalto muy brillante y liso,
cuando de noche lento conduces.

Esto es lo que a ti te seduce,
belleza vista en el coche,
pero debes andar listo
porque pronto huye.

UNA SOLA ALMA

Una ría que baja
desde la montaña
hasta el negro mar
en plena madrugada.

Y una farola la alumbra.
Sus destellos son de plata,
brilla aún más que la alpaca
en su camino al agua con sal.

En la oscuridad de la noche sagrada
el mar y la ría en luz de farola se casan,
agua dulce que se disuelve en agua salada.
Antes eran dos y ahora forman una sola alma.

OLOROSA

Tú, amarilla mimosa
que las calles adornas,
en el invierno te asomas
cuando duermen las rosas.

Tú que eres fuerte, valerosa,
sobrevives noche tormentosa
cayendo granizo entre tus hojas.
Hacia el lado del tronco te arropas.

Tú que al frío enfrentarte osas
y en la primavera te reposas
porque bellas flores brotan
que son muy hermosas.

Tú, humilde y olorosa,
cedes el lugar a las otras,
que de tu perfume aún gozan
mientras descansas con diosas.

VUELAN

Dos aves negras
sobre la carretera
haciendo piruetas
flotan como pareja,
con el pico se besan.

Entre ellas no se alejan,
unidas en la primavera.
Su amor así celebran
y sin más espera
al cielo vuelan.

DE MAÑANA

Cuando te levantas
y los pájaros cantan
dan alegría a tu alma,
el día empieza en calma.

Y tú les diriges la mirada
buscándolos entre las ramas,
pero por ahí no encuentras nada,
como si se hubieran ido con el alba.

Sutiles seres que nos despiertan de mañana
y desaparecen en silencio cuando tú los llamas
porque son libres y no dependen de quien los alaba
por el cielo van hasta que de noche el árbol los reclama.

SU CANCIÓN CANTA

El viento azotando las ramas
me sorprendió de mañana,
lo vi al abrir mi ventana
cuando me levantaba.

Brisa matinal de esperanza,
susurro que llega al alba
despertando mi alma
su canción canta.

SE ESFUMA

Es noche oscura
y al fondo brilla la luna.
Tras la colina ahora se oculta,
formando bello halo con su figura.

Yo la admiro cual a mujer desnuda,
me deleito con su gran dulzura.
Hermosa como ninguna,
lenta se esfuma.

ANONADADO

Una vacía cajetilla de tabaco
era arrastrada por el asfalto,
la brisa le daba de costado
cuando pasó a mi lado.

Y crujiendo una hoja de secano.
Aunque parezca algo extraño
ambas iban de la mano,
dos seres hermanos.

Juntas querían recorrer un tramo
por carretera rápido rodando
y yo las miraba anonadado
como quien ve un milagro.

FINA LANA

Una telaraña,
simétrica diana,
al sol fuerte brillaba.
Cada hilo un color daba:
rojo, azul, verde y naranja.

Se había colocado en mi ventana
y yo he visto sus destellos de mañana.
Solamente un artista puede tener la maña
de crear esta belleza que cuelga cual fina lana,
un hermoso arcoíris matinal sin que llueva nada.

AMO

Por la mañana cantan los pájaros
en los árboles y sobre tejados.
Son seres bellos tan alados
cual ángeles sagrados.

Yo escucho sus cantos
ya sea en ciudad o campo
y paso el día lo más cercano
a mis alegres amigos que amo.

ENAMORADA

Nubes blancas,
montañas nevadas
por el avión salvadas.
Vuelo sobre ligeras alas.

Mundo paralelo de hadas,
mágico cielo con agua helada.
Aquí arriba es donde vive el alma
cuando abandona la tierra tan pesada.

Ven y acaríciame, neblina sagrada.
Purifica ahora mi ardiente cara
como quien a un niño lava,
llévame contigo a casa.

El volcán de mi llama
con tu aliento apaga
mientras me amas
cual enamorada.

MI FILOSOFÍA

SOY

Soy la fina rama
que tormenta brava
por el alto cielo lanza.

Soy el cisne que danza
la melodía de amor blanca
extendiendo al cielo sus alas.

Soy la piedra que el hombre alaba,
de color lúcido verde esmeralda
y que no sabe que es amada.

Soy tú, mujer enamorada,
que me buscas y hallas
tu media manzana.

Soy el que ama,
quien abraza
en el alma.

EL AMOR

Cuando tus ojos no ven
ni tus dos oídos bien oyen
tal vez lo sienta tu corazón,
pues así se comporta el amor.

Y no dejes que los demás osen,
a tu felicidad un problema posen
diciendo que debes entrar en razón,
porque quizás ellos sufran de desamor.

ENCUENTRO

Algunas veces
solo necesito silencio,
ni música, lectura ni verso.

Pues parece
que así hallo mi sitio,
mi lugar en el ancho universo.

No entorpece,
sino que, al contrario,
conmigo mismo me encuentro.

Y al anochecer
en callado dormitorio
entre blancas sábanas me envuelvo.

ARDIÓ

El sendero
que te muestro
aún jamás se pisó.
Tú serás el primero,
yo señalo con el dedo.

De fresca hierba está hecho,
cubierto por ortigas y helecho
porque para ti aún nadie lo retiró.
Esa es tu labor con limpieza de pecho,
pues así es como hallarás tu propio techo.

Solamente tú puedes recorrer el trecho,
debes prepararte y marchar derecho.
Alguien machete en mano te dio,
utilízalo para cortar sereno
y pronto obtendrás heno.

No es para el heredero
ni se hace con dinero.
Solo quien ardió
realizó sueño
duradero.

EL LATIDO

Es domingo,
día de descanso,
pero, sin embargo,
precisas hacer algo.

Estás rendido
y muy cansado,
quédate tumbado
con cuerpo mimado.

No tiene sentido
que estés atareado
porque te han educado
a no estar nunca parado.

Escucha el latido.
Es tu corazón amado
quien te dice alarmado
que, por favor, hagas caso.

EN SU MESA

El agua a tu derecha
y el rojo vino a la izquierda,
ambos sobre mesa de madera
tomando una comida ligera.
Esa es buena manera.

Porque el agua que refresca
con el vino la vida alegra
y a quien se modera
Dios le espera
en su mesa.

73

LA CABEZA EN LOS PIES

Cuando miras el mundo al revés
el azul cielo como tierra ves
y el monte ahora aire es.

La blanca nube tal vez
en el medio de todo esté,
dudando a quién pertenecer.

Es bueno otra perspectiva ver,
poner la cabeza en los pies
y sentir lo que podría ser.

SON UNIDAD

En escogida soledad
lejos de sociedad
he elegido estar
por serenidad.

Las noticias evitar
que repetitivas entran
y mi cerebro envenenan
con desgracias y guerras.

Escuchar a la naturaleza,
última madre de veras.
Me acoge de vuelta,
abre su puerta.

Pues un día me uniré a ella,
de la que vine y es eterna,
donde están los demás
que ya son unidad.

REJUVENECES

Un baño caliente
puede ser suficiente
para relajar la mente.

Si lo tomas suavemente,
ves cómo el agua te envuelve
y tu cuerpo cesa de entumecerse.

Poco a poco en la bañera te sumerges
sintiendo que los músculos duermen
y el calor buena salud te devuelve.

Debes hacerlo muy lentamente
para que tu ser se renueve
porque así rejuveneces.

EL VALIOSO PREMIO

La libertad no tiene precio
y si a ti misma te das aprecio
abandonarás tu jaula con apremio.

Porque seguir en ella es desperdicio
de lo que quizás pudo haber sido
y si erras, la pena ha merecido.

Pues quien no arriesga está al borde del precipicio,
tal vez día y noche su vida sea un lento suicidio.
Así que da ese paso hacia lo desconocido.

Abandonando ahora lo triste y aburrido
ganarás en vida, ese será el valioso premio
al derribar la puerta de tu secreto escondrijo.

CUAL LORO

Cuando imitas al otro
pierdes tu esencia del todo.
Ya no sabes hacerlo a tu modo,
ahora te has convertido en un mono.

O quizás en ave que repite cual loro
lo que los demás dicen a coro.
Te comportas sin decoro,
abandonaste tu trono.

QUITAN SINSABORES

Tranquilos están hoy los árboles.
Los rayos del sol calientan sus ramas,
una leve brisa los acaricia y surgen olores
recordándote que la naturaleza amas
y que ahí está para que la adores.

Cuando los miras no sientes dolores
porque, como por milagro, curan almas
y sus fragantes aromas quitan sinsabores.
Por eso tú aún los visitas y los abrazas,
pues a veces son buenos doctores.

79

LA PRIMERA

En quien piensas
cuando te acuestas
es por la que sueñas.
Ahí está la respuesta.

Y te hago una apuesta
a que cuando despiertas
todavía sigue en tu cabeza,
porque para ti es la primera.

ESTO NO ES BROMA

A veces la tristeza se adueña
del corazón de una persona
sin que un motivo tenga
porque ella no razona.

Si sangre corre por tus venas
y aún de buena salud gozas
desecha a las malas ideas
que en tu cabeza rondan.

Así de alegría se viste la pena,
ya que esto no es broma,
pues quien desespera
acaba muy sola.

INESPERADO

La misión de quien a la cima ha llegado
no es quedarse allí arriba disfrutando,
sino que debe ayudar al hermano
a realizar el destino soñado.

Por eso vuelve a la plaza del mercado,
se mezcla con el problema humano
como uno más, dándote la mano,
el sendero a la luz mostrando.

Y un día, en el momento más inesperado,
cuando tu mente hayas abandonado,
la chispa se encenderá a tu lado.
Así tu cima habrás alcanzado.

QUIEN TE AMA

Para quien quiso de veras
aunque a otra vida pasa
siempre el amor queda.

Porque es como tu alma,
que está aún en la que eras
y nunca se reunirá con la nada.

Pensando así quitas las penas,
sigue a tu lado quien te ama
y te sientes mujer plena.

SABIDURÍA

La diferencia
entre la arrogancia
y una sana autoestima
es que la primera te pisa
mientras que la otra opina.

La reverencia
es mala disciplina,
pero quien comunica
y también tu parecer pida
merece respeto sin rebeldía.

La democracia
es buena sabiduría,
mas si es malentendida
puede llevar a loca anarquía
en la que la gente está perdida.

AL LADO

Debajo de la iglesia
sobre un verde prado
al atardecer allí pacen
ovejas en lugar sagrado.

Muchos también querrían
tener siempre a su costado
un sitio donde pasar la tarde
y a la vez ser bienaventurado.

Entre luces y con gran alegría
se quedarían ahí todo el verano
disfrutando de la brisa refrescante,
sabiendo que la salvación está al lado.

QUIEN VE LA LUZ

Quien ve la luz se enamora
de la vida y resplandeció.
Ya nunca está sola,
halló el amor.

Quien ve la luz salta a la comba,
de nuevo niña se volvió,
vive solo en el ahora
sin sufrir temor.

Quien ve la luz es soñadora
porque a su playa llegó
y cual ola que reposa
se acabó el dolor.

PROCURA TRANSMITIRLO

Cuando has llegado a la meta
hallando esa luz en ti mismo
recuerda siempre retenerla,
así evitarás el abismo.

Porque el brillo nunca quema
y es un placer de lo más fino.
Cuéntalo para que sepan,
procura transmitirlo.

Pues quien para sí se lo queda
demuestra solo su egoísmo
y es posible que lo pierda,
que no luzca el camino.

RECREAN

Siempre el otoño espero
en la esquina de una acera
porque ha llegado el momento
de pisar y aplastar hojas secas.

Es muy sencillo deseo
ver cómo ahí lentas llegan.
Después de volar con el viento,
tranquilas en el borde se quedan.

Ya nada más quiero
y cuando están quietas
las pisoteo con tal esmero
que al crujir mucho recrean.

El placer que siento
es el del niño que juega
y así sin pensar me ausento,
manchando las botas nuevas.

PERDIDOS

Unos recorren el camino
y otros lo describimos,
pues un día lo vimos.

Muchos no pueden percibirlo
porque están en su mente metidos
e, idea tras idea, cual nubes distraídos.

No ven lo que tienen delante de sí mismos,
tampoco sienten las melodías por sus oídos
porque en realidad están en el sendero perdidos,
copiando lo que hacen todos sus vecinos,
siguiendo las normas de curas y políticos.
Viven de verdad en un mundo aburrido.

TE SANA

No hay nada
como tu casa,
ni hotel de lujo
te la reemplaza.
Siempre así pasa,
pues estás en tu salsa
donde nadie a ti te manda.
Mansiones hay por un tubo,
pero su frialdad es malsana
y te sientes enano en el alma.

Por eso vuelve al hogar que te ama
y en el que toda tu vida alegre se pasa.
Quizás haciendo alguna pausa en su uso;
sin embargo, teniendo en mente que te sana.
Porque tu casa es el centro del mundo y basta.

PARA SIEMPRE

Cuando llueve
las flores se cierran,
de la fría agua se protegen,
pero el sol ya llega
y todo resuelve.

Cuando duele
tu alma se encierra
en tu cuerpo que es albergue,
pero luz en tiniebla
también hierve.

Cuando puede
alguien se te acerca,
quien con luz y sol te quiere.
Así en ti amanezca
para siempre.

AMARÁS

Mira hacia adelante,
nunca más para atrás.
Entonces el amor vendrá,
de nuevo tu corazón vibrará.

Será algo delirante,
entre brasas arderás
y con la luz una serás,
ya no querrás nada más.

Muchas penas pasaste,
ahora solamente gozarás,
sobre suave lecho yacerás
y cual amante feliz amarás.

MISIÓN CUMPLIDA

La autorrealización
es el objetivo de tu vida.
No te pierdas en satisfacción
de agradar siempre a tu vecina.

Busca cuál es tu propia vocación
y deja lo que te vino de arriba.
Céntrate solo en tu afición,
en la que a ti te defina.

Muere con la ilusión
de sentir misión cumplida
sin lamentarte por la omisión
y haber perseguido una mentira.

TODOS QUEREMOS ESO

En el día de mi cumpleaños,
cuando cincuenta y muchos tengo,
yo todavía muy fuerte a la vida me agarro
aunque ya tenga gran parte del camino hecho.

Porque nunca hice lo que me ha tocado
y siempre elegí mi propio sendero,
a veces uno muy equivocado,
pero recorrí todo el trecho.

Por eso ahora sigo andando,
miro hacia arriba al azul cielo,
entre blancas nubes voy volando
cuando me queda un último deseo.

Y es que por fin capaz sea el humano
de cambiar el rudo odio por un beso,
dando dulce mano a su hermano,
ya que todos queremos eso.

SU SALSA

Mi ego no para,
viene por sorpresa
y de nuevo me atrapa.
Yo vuelvo a ser su presa.

Me observa en la parada
y cuando quiere me acecha.
Poco puedo hacer o casi nada,
pues aparece sin haber sospecha.

Da igual dónde y lo que yo haga,
él siempre está ahí, a la espera.
En cualquier sitio me halla
porque a nadie respeta.

Este mundo es su salsa,
me lo metieron en la escuela
y no sé qué hacer para que salga.
Si tú lo sabes, por favor, dime la manera.

RESUCITAS

La planta de mi cocina
bellas flores lucía,
todas amarillas.

Pero murieron un día.
Sin avisar fallecían,
una a una caían.

Yo las di por perdidas,
pues aún no sabía
que renacerían.

Así también es tu vida.
El tiempo la marchita
hasta que resucitas.

SOLAMENTE LO SUYO

La idea de cada uno
suele ser muy subjetiva.
No convencerás a ninguno
de que la tuya es verdad única.

El hombre no es nada sesudo
y, aunque lo diga la matemática,
si hacia algo acostumbrado estuvo
es muy difícil hacerle alterar su lógica.

Porque cree que siempre razón tuvo
y aun si le presentas buena alternativa
él seguirá defendiendo solamente lo suyo,
pues tiene mucho miedo a cambiar de vida.

AMASTE

Nunca es
demasiado tarde
para que llegues a ser
esa que tú un día soñaste.

Toma las riendas de una vez
y escucha al corazón que arde,
dale ya una oportunidad para ver
que tu potencialidad desarrollaste.

Piensas que quizás mayor eres
y poco te queda por delante,
pero la vejez es cual niñez
un juego que amaste.

Pierde esa sensatez,
de luz embriágate
y en brillantez
adórate.

DESCONTROLADO

¿Quién es un ser autorrealizado?
La persona que su pasión ha encontrado
y en el transcurso de su vida ha desarrollado,
dejando siempre lo que los demás piensen de lado.

No le importa que por la calle lo traten de alocado
ni si consideran que su motivación es pecado
porque tiene un propósito muy sagrado.
Igual da que su gusto sea desfasado.

La montaña ha subido y hasta la cumbre ha llegado,
desde la cima ve diminuto al engreído humano
que se cree el centro del mundo y endiosado,
pues ella trata de igual al animal hermano.

Uno con la tierra es y con el azul pájaro alado,
ve la belleza por doquier, que persigue enamorado
desde la hermosa flor hasta la piedra de color dorado
y ya no sabe quién es porque su ego está descontrolado.

MI RINCÓN

En la soledad
de mi habitación,
con gran serenidad
en mi pausado corazón
disfruto de mi amiga libertad
para hacer solo lo que quiera yo.

Lejos de la sociedad
que me impone obligación
vivo mi propia y única realidad
porque la he elegido yo con ilusión.
Cuando harto estoy hasta la saciedad
me retiro a meditar en mi solitario rincón.

DÉJALO EN DESUSO

Sentado en la cocina
tomándome el desayuno
cuando de golpe fuerte brisa
entra por la ventana y me asusto.

Quizás solo sea el viento que respira
o tal vez un veloz vuelo de pájaro diurno.
El caso es que los pensamientos me quita
y de nuevo puedo volver a mi matinal asunto.

Comer sabrosa fruta con yogur y mantequilla,
eso sí que es gozar de la vida con gusto,
porque quien al momento se dedica
ahorrase más de algún disgusto.

Por lo tanto, cuida de tu tripa
dándole siempre buen uso
y el cerebro de arriba
déjalo en desuso.

EXISTA

En los buenos y malos días
siempre me acompaña su melodía
y con hermosas letras hago una rima
que por mi sangre se convierte en poesía.

Tú puedes ver la belleza o la porquería
porque eliges el sendero de tu vida.
Es mejor que veas la maravilla
y que no se nuble tu vista.

Siempre supiste dónde acabarías,
unida a la tierra, que es tu madre viva,
de la que viniste y sabías que volverías,
pues es la única diosa que al final exista.

ALMA ROTA

La sensibilidad es una cualidad
que no a todos los seres toca.
Algunos son duros cual roca
y esa es su gran penalidad.

Quizás te digan con sinceridad
que eres una mujer muy tonta
o entre los humanos la loca
porque crees en divinidad.

No te lo dicen con malignidad
ni por ir solamente en contra,
sino que tienen el alma rota
e insuficiente capacidad.

JUGANDO

El amor de hermano
debería ser algo sagrado,
que no le afecte nada lo humano
ni el dinero ni lo mundano
intenten hacerle daño.

El amor de hermano
se demuestra andando,
cuando enferma ser muy cercano
y le damos suave mano
calmando su llanto.

El amor de hermano
está siempre de tu lado
para defenderte del que es malo,
se enfrenta a ese tirano
que vino tan armado.

El amor de hermano
es eterno y es tu amado
que invita a pasar un buen rato
recordándote el pasado,
muy alegre jugando.

VUELVE A VER

Y dijo el maestro zen:
acepta estés donde estés
porque así llegarás a saber
que uno con el universo eres.

El rico no será feliz por más que le den,
acumulando dinero nunca hallará a su ser.
Solo quien ahora vive en el momento que es,
sin pensar en un hipotético futuro, vuelve a ver.

FLOREZCA

Fuerte enredadera
que a la vida te sujetas,
por la linda pared tú trepas
y de su humedad te alimentas.

En otoño quedaron tus hojas secas,
pero ahora que llega la primavera
floreces de nuevo, dama bella.

Verde y hermosa de veras
sobre el muro esperas
al amor que venga
y en ti florezca.

CRECES

Algunos seres
son como ángeles.
Llegan cuando reces,
te curan donde dueles.

Siempre están ardientes,
brillan cual luces perennes
que penetran entre tus pieles
desde los pies hasta las sienes.

Esa es la vida que te mereces,
en la que más belleza vieres,
por altas nubes mecieres
entre alegres placeres.

Si tú la fe mantienes,
confianza les dieres,
degustarás mieles.
Con ellos creces.

BLANCA ALMA

Envuelto entre sábanas
en el calor de mi cama
me cubre una manta.
¡Qué gran gozada!

No creo que salga.
Aquí, sin hacer nada,
me quedo la mañana
recostado en almohada.

Cierro los ojos y me trasladan
a un bello mundo lleno de hadas
con verdes montes de cima sagrada,
un lugar para quien la imaginación ama.

Solamente dentro de ti es donde hallas
la belleza que antes fuera buscabas,
pero siempre cerca te acompaña
en tu pura y tan blanca alma.

AL FIN

Has hecho tantas cosas por cumplir
en la vida por lo que dirían por ahí.
Entonces dejaste de pensar en ti.
A partir de ahora ya no será así
y tu esencia vas a descubrir.

Miras al cielo y ves las estrellas lucir,
en la tierra las flores te hacen decir
cuán bella la vida es y vas a vivir
dejando de lado toda directriz
de esta sociedad tan infeliz.

Basta de yugos que has de suprimir.
De joven te encerraron en el redil
solamente por ser algo infantil
correr mucho de aquí para allí
y querer ser aún más feliz.

Desde el día de hoy al fin
tu futuro ya vas a definir.
Deja simplemente fluir
esa luz dentro de ti
que es cura sutil,
sencilla y útil.
Está en ti.

MÁS FELIZ QUE LAS RICAS

Cuando el alma te brilla
ya no necesitas nada más.
Podrías vivir en una esquina,
no tienes envidia de los demás.

Como de niña cuando eras chiquilla
y jugabas sin importante qué querrán
los adultos en su mundo de ideas finas.

Ahora ves la belleza en los vasos de cocina
con sus destellos del arcoíris al despertar,
donde antes veías un vil trozo de cristal.

Así de sencilla se ha hecho la vida
para quien su mente logra frenar,
pues una bella flor te maravilla
y no precisas tener un dineral.

Eres más feliz que las ricas,
te has quitado el disfraz
y ya paseas tu sonrisa.
El resto te da igual.

DEDICATORIAS

A LA ALTURA

Madre no hay más que una,
dice el dicho sin lugar a duda,
y es mucho mejor que ninguna
quien nos crio en cuerpo y cuna.

No sé qué habría hecho sin su ayuda,
pues me cuidó y educó con ternura
y cuando pasé por una etapa dura
ahí, a mi lado, estuvo a la altura.

Como para el caballo la herradura
me preparó para esa larga andadura
que es la vida con toda su hermosura
y, gracias a ella, hoy disfruto con locura.

TE VI

Te vi
y me perdí.
Tu camino seguí.

Te vi
y entendí.
La vida es desliz.

Te vi
y aprendí
así a ser feliz.

Te vi
y encendí
la llama en mí.

CONTIGO

Amarillo cual trigo
es tu brillante cabello
y el Dios de arriba quiso
que tus ojos fueran cielo.

De color azul Él te los hizo
para que tú fueras su espejo
y reflejaras todo lo más divino
que el Creador jamás haya hecho.

Tu blanca tez es de pureza el signo
de inmaculada alma que llevas dentro.
Por ese motivo yo sigo estando contigo,
puesto que en mi corazón es lo que siento.

NO SE APAGA

Eres mi talismán,
la que suerte me das.
Siempre me acompañas
cada día en las mañanas.

Sin ti yo no podría vivir más,
no soportaría esa soledad
que antes era mi amada,
mi alma enamorada.

Ahora que tú aquí estás
un secreto te quiero contar
para que nunca de mí te vayas
y así no me vuelvas a dejar jamás.

Y es que tú y yo ya no somos dos almas,
sino que solamente una que nos ama
con rojo corazón de ardiente llama
que en la eternidad no se apaga.

POR EL FIRMAMENTO

En el arcoíris nos veremos,
tenemos una cita en el cielo.
Arriba uniremos nuestro beso
con coloridos rayos del deseo.

Mientras la lluvia roce tu cuerpo
y la llama del sol arda con mi fuego
allí volaremos por el alto firmamento
con ligeras alas que Dios nos ha puesto.

GRAN ALEGRÍA

Eres mi ángel en la tierra.
Llegaste para salvar mi vida
que, sin esperanza, tanto sufría.

Yo era un ser a la espera,
ojeando el cielo todo el día.
Sabía que alguien me salvaría.

Brillando como una estrella
ahora soy feliz en tu compañía
y entre luces bailo de gran alegría.

SI YO FUERA

Si yo fuera buen pintor
dibujaría tu figura
y cual escultor
tu cintura.

Si yo fuera agricultor
tú serías mi fruta
y yo sembrador
de agua pura.

Si yo fuera escritor
que letras dibuja
serías el color
de mi pluma.

LE SERÁS FIEL

Lejos de la tierra que te vio nacer
pasas tus años desde los veintitrés,
pero a ti te parece que la dejaste ayer,
pues solo hay una madre, no dos a la vez.

Allí quedaron los recuerdos que tuviste de niñez
y grabados en tu mente los llevas estés donde estés
porque así seguirá siendo hasta que llegues a la vejez.
Da igual el tiempo y lugar, a tu eterno terruño le serás fiel.

LA ÚNICA A QUIEN DESEO

Sigues siendo como la primera vez,
cuando me diste el primer beso.
Sabes que eso mismo aún es,
para mí eres lo primero.

Y si todo saliera al revés,
que de ninguna manera veo,
da igual, pues estés donde estés
eres siempre la única a quien deseo.

NO UNA FLOR CUALQUIERA

Tú eres mi cielo en la tierra,
el paraíso que me espera.
Ya está aquí, a mi vera,
siempre tan cerca.

Tú eres premio que besa
y boca ardiente deseas
cuando me despiertas
entre tus luces bellas.

Tú eres la mujer sincera,
no una flor cualquiera,
artificial como esas
de cáscara hueca.

DESTELLAS

En esta noche llena de estrellas
arde como fuego mi corazón,
el arcoíris estalla cual sol.

Entre todas las flores más bellas
solamente estás tú, mi amor,
que me deleitas con sabor.

Ni diamantes ni joyas esbeltas
superan tu gran esplendor,
te envidian con desazón.

En el ancho universo destellas,
natural rosa de rojo color,
desplegando tu fulgor.

PROPIA AURA

Los pájaros pían
en doradas jaulas
y los niños se crían
en las blancas aulas.

Mientras te libras
cual loba aúllas
buscando, niña,
tu propia aura.

ERES COMO

Eres como fuego de volcán
que mi llama enciende ya,
cual viento de vendaval
la avivas sin cesar.

Eres como el ojo del huracán
que me arrastra al desván,
donde solos aún están
la bella Eva y Adán.

Eres como el sol que luz da
y calentando mi sangre estás,
que hirviendo hasta ti va a llegar
para juntarnos y ser uno nada más.

SENTIMIENTO

Cuando no quedan más palabras
me expreso con silencios,
que también hablan
como los besos.

Cuando me faltan las sílabas
no importa porque te tengo
reposando entre mis alas
extendidas al viento.

Cuando callo y tú me hablas
yo te escucho muy atento
y en mi cuerpo hallas
todo el sentimiento.

COMIENZAS EL ESPECTÁCULO

Hay amigos que surgen por sorpresa,
ya sea médico, un mendigo o un poeta.
No es quien tú te esperabas en tu círculo,
quizás de niño nunca jugaste con ninguno.

Pero ahora tu vida por completo dio la vuelta
y aparecen nuevas amistades sin darte cuenta.
Pensabas que habías oscurecido con crepúsculo;
sin embargo, en realidad comienzas el espectáculo.

VEMOS AL TRASLUZ

Tuvo una infancia dura,
esa sí que fue su mayor cruz,
con un mal padre por desventura,
pero su maravillosa madre era la luz.

Pudo ser una chica ruda,
por dentro llena de acritud,
pero ella eligió ser joven pura
que la vida resolvió con actitud.

Y ahora, en edad madura,
no se esconde cual avestruz,
pues el pasado nunca dejó fisura.
Por eso su alegría vemos al trasluz.

TU SONRISA

Llegaste a mi vida
y te quedaste sin más.
Tú me diste tanta alegría
como para tomar y regalar.

Sin ti yo nunca jamás sabría
en qué consiste volver a soñar
porque estaba de sobra perdida
y no podía ni tan siquiera pensar.

Pero ahora otra vez todo es maravilla.
Por la mañana, desde mi jovial despertar,
de temprano en mi cara se refleja tu sonrisa,
pues no me queda ninguna razón por que llorar.

DERRITE BOCAS

Eres como una blanca estrella
que en el cielo siempre brilla
y cual hermosa roja flor
eternamente brotas.

Eres semilla que en la ladera
surge de una fina espiga
y en la tierra con amor
en vida explotas.

Eres sol y luna de primavera
que en el espejo se mira,
ves tu propio ardor
y me provocas.

Eres mujer bellamente serena,
esbelta cual delicada lira.
Muy dulce es tu sabor,
que derrite bocas.

LAS DOS

Abres las puertas del balcón
para que ya entre el sol
con su resplandor.

La primavera llegó
hasta tu rojo corazón
y con flores te engalanó.

Que así te vea yo,
alegre, bailando al son,
siempre con gran ilusión.

La brisa que el árbol peinó
y el ave con su canción
hacia ti van las dos.

PURO SER

Linda como un pincel
paseas la esbeltez
de joven madurez.

Contigo me siento bien,
pues dulce cual miel
sabe tu morena piel.

Y con perfume de laurel
una estrella tal vez
fuiste en la niñez.

Bella melodía de amor fiel
labrado con cincel,
eres puro ser.

FIDELIDAD

Cuando se enamora todo es luz,
en su vida no hay oscuridad,
para él existes solo tú,
ya no más soledad.

El cielo está azul,
acabó la tempestad,
pues eres su norte y sur.
Ahora siente gran felicidad.

Adora tu blanca virtud
porque en ti hay divinidad.
Siempre la buscó al tuntún,
no sabía lo que era la fidelidad.

SUSPIRAS

Eres mi sol por la noche.
Como estrella brillas
y cual bello broche
me maravillas.

Eres de simpatía derroche.
Desbordando alegrías
tu sensual pose
da melodías.

Eres la reina de las flores.
Entre las más divinas
con tantos colores
me encandilas.

Eres el anhelo de dioses.
Cuando lento respiras
desde el cielo oyen
cómo suspiras.

135

QUIEN TE AMA

El viento mueve las ramas
como el cabello de una dama,
cual amante que amor derrama
besa las hojas con todas sus ganas.

Mientras por el cielo las nubes vagan
yo te veo y absorto admiro tu cara
que al aire linda belleza emana
y ya la acaricia quien te ama.

ARDE

Eres un ángel
que bajó a la tierra.
Yo no te conocía antes,
me pareces de otro planeta.

Andes por donde andes
siempre seguiré a tu vera,
te perseguiré para que ames
y cuides de esta alma eterna.

Eres bella mujer que arde
y yo soy leña seca que espera.
Aunque tu brava llama no lo sabe,
nos quemaremos en la misma hoguera.

SALGA AL ALBA

A veces se siente sola
tumbada en su cama.
A la mujer que llora
nada la calma.

Los días felices añora
con alguien que ama
en calor de alcoba
bajo su ala.

Por eso se lamenta ahora
y con la persiana baja
del frío se arropa
en su sábana.

Motivos tiene de sobra
para alegrar el alma.
Que deje la sombra
y salga al alba.

MORO

Yo te adoro
más que al oro,
por ti lo daría todo.
Te amo no sabes cómo.

Porque de ti me enamoro
no te alejes cual soplo.
Me dejarías tan roto
en el mundo solo.

Pura luz es tu bello rostro,
brilla más que cualquier otro.
Tu cuerpo es la casa que yo moro
y alma tienes como de nieve el copo.

NADA MÁS

Ahora oscurece
y las luces de ciudad
comienzan alegres a bailar
cual estrellas sobre el azul mar.

El sol desaparece
y blanca luna celestial
se pone rápido en su lugar,
nos quiere de noche alumbrar.

Y tú resplandeces
con bello rostro angelical
color plata de estrella fugaz.
Eres luna, eres sol y nada más.

MUJER

Mujer
que disfrute
cualidades reúne
que a la familia une.

Mujer que amor insufle
quien de la enemistad huye,
así en casa robusta construye
donde a sus hijos siempre acune.

Mujer que responsabilidad no rehúye
y tan tiernamente a ayudarte acude
las penas del corazón te sacude,
dándote mucha paz que luce.

Mujer bella, eres mi lumbre,
la luz que mi vida cubre,
más sutil que la nube
flotando en cumbre.

Mujer que sube,
el cielo intuye
y descubre.
Mujer.

BENDECIDA

Hay más magia
y aún alegría
en tu vida
día a día,
todavía.

Osadía
o rebeldía.
Siempre arriba.
Es la alternativa,
vivir cual golondrina.

El cielo ya te anima
y te da la salida.
A ti te mira,
amiga.

Tus alas brillan
al sol extendidas
y de un salto brincas
al vacío aire, bendecida.

DIOS LOS ALBERGA

A dos mil metros de altura
sobre verde hierba en la cima
se posa una cabaña de madera.

Con propias manos una a una
fue colocando como quien mima
las diferentes piezas de noble leña.

Muchos soles y también la luna
allí lo vieron trabajando cual artista,
pues él solo quería crear una casa bella.

Tras tantos años de vida dura
por fin con su amor sube arriba
y, rozando el cielo, Dios los alberga.

www.ingramcontent.com/pod-product-compliance
Lightning Source LLC
Chambersburg PA
CBHW030329160726
47992CB00005B/2215